BEI GRIN MACHT SICH IHR WISSEN BEZAHLT

- Wir veröffentlichen Ihre Hausarbeit, Bachelor- und Masterarbeit

- Ihr eigenes eBook und Buch - weltweit in allen wichtigen Shops

- Verdienen Sie an jedem Verkauf

Jetzt bei www.GRIN.com hochladen und kostenlos publizieren

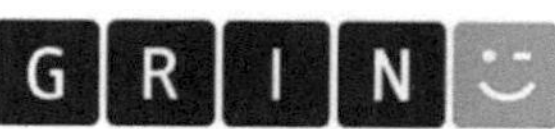

John Malc

Andy Warhols "Campbell's Soup Cans", "Thirty are better than one" und "Self-Portrait" als Beispiele der Pop-Art

GRIN Verlag

Bibliografische Information der Deutschen Nationalbibliothek:

Die Deutsche Bibliothek verzeichnet diese Publikation in der Deutschen National-
bibliografie; detaillierte bibliografische Daten sind im Internet über http://dnb.d-
nb.de/ abrufbar.

Impressum:

Copyright © 2012 GRIN Verlag GmbH
Druck und Bindung: Books on Demand GmbH, Norderstedt Germany
ISBN: 978-3-656-38948-4

Dieses Buch bei GRIN:

http://www.grin.com/de/e-book/210503/andy-warhols-campbell-s-soup-cans-thirty-
are-better-than-one-und-self-portrait

Hausarbeit im Kurs Kunstgeschichte

Andy Warhol (1928-1987) : Pop-Art in drei Objekten

Dmitry Petrov

Klasse 12a - Schuljahr 2011/2012

Abstract: Andy Warhol gilt heute als bedeutendster Vertreter der amerikanischen Pop-Art – Epoche, die oft „als Antikunst" bezeichnet wurde. Diese Epoche beschäftigte sich „mit dem Trivialen"[1]. Sie „orientierte sich stark an Werbetafeln, Konsumgütern und weiteren Elementen des Großstadtlebens"[2]. Ich interessiere mich in dieser Epoche sehr stark, und deswegen stelle ich mit dieser Arbeit drei Werke vor, die nach meiner Meinung zu den wichtigsten Abbildungen von Andy Warhol gehören.

---

[1] http://www.die-kunst.de/was_pop_art.html 20.4.2012
[2] http://www.art-directory.de/malerei/pop-art/index.shtml

Inhaltsverzeichnis

1. Pop-Art

Bevor ich verscheide Werke von Andy Warhol analysieren werden, erkläre ich in kurzem die Epoche der Pop-Art.

In England entstand diese Kunstbewegung von einem englischen Kunstkritiker - Lawrence Alloway - der den Ausdruck „mass popular art" am Ende der 50er Jahre als Erster benutzt hat[3]. Er war ein Mitglieder einer Gruppe *The Independet Group*. Dort waren verschiedene Künstler vertreten, wie z.B.: Eduardo Paolozzi und Richard Hamilton, Alison und Peter Smithson und Lawrence Alloway. Das erste Werk sollte aber schon im Jahr 1956 sein - von Richard Hamilton.

Dagegen in Amerika entstand diese Epoche von den individuellen Menschen, die allein gearbeitet haben und als Mitglieder in keiner Gruppe vertretet waren. Die bekanntesten Künstler sind Robert Rauschenberg, Claes Oldenburg, Roy Lichtenstein und Andy Warhol. Merkwürdig ist dabei den Fakt, dass die Epoche unabhängig von einander in den USA und in England entstanden hat.

Wie kann man aber Pop-Art definieren? „Pop-Art ist eine Verknüpfung von Realität und Kunst, die mit eigenen abstrakten Mitteln arbeitet". Es hat auch zwei Grundhaltungen (innerhalb der Pop-Art). Die eine ist die Konsumgesellschaft (nach 2.WK) und die andere ist „eine spätere kritische Haltung" (Vietnamkrieg und Tod Kennedy)[4].

Es gibt mehrere Merkmale, die Pop-Art besonders von den anderen Bewegungen unterscheiden. So zum Beispiel fordern die Popkünstler „die absolute Realität (...), dass alle Elemente rein, klar definierbare Gegenstands-Elemente sein müssen". „Die Formen werden bei einigen Künstlern wie in Comic-Heften mit schwarzen Linien umrandet (Outline drawing)" und die Farben sind immer klar. Dazu wird es meistens nur die unbunten und Primärfarben angewendet[4].

Im 1974 äußerte sich Lawrence Alloway in Whitney Museum of American Art in New York, dass die Epoche Pop-Art abgeschlossen sei[5].

2. Andy Warhol

Geboren am 6. August 1928 in den USA, war Andy Warhol ein amerikanischer Künstler und Filmemacher. Als einen Sohn der Immigranten aus der Tschechoslowakei, studierte er die Carnegie

---

3 http://www.warholstars.org/warhol/warhol1/andy/warhol/articles/popart/popart.html 2. 2. 2012
4 http://de.wikipedia.org/wiki/Pop_Art 19. 3. 2012
5 http://www.centrepompidou.fr/education/ressources/ENS-Popart-EN/ENS-PopArt-EN.htm 20. 4. 2012

Institute of Technology in Pittsburgh[6]. Seine künstlerische Karriere begann am Anfang der 50er Jahre des 20. Jahrhunderts, als er die *Coca-Cola Flasche*, die *Putzkissen* (*Brillo Soap Pads Boxes*)[7] oder die *Campbell-Suppendosen* entworfen hat. Seit der 60er Jahre war er ein berühmter Pop-Art Künstler, der auch mit den Stars gearbeitet hat. Zwar ist sein Leben durch die Attentate auf ihn gekennzeichnet (s.a. Kapitel 5.Selbstporträt), starb er am 22. Februar 1987 von der plötzlichen postoperativen Herzrhythmusstörung[8].

3. Campbell's Soup Cans (1962)

Ich werde die erste Abbildung *Campbell-Suppendosen* analysieren (Abb.1, 6, 3, 4). Es geht hier um die Dosen, die Andy Warhol für „seine erste Ausstellung in der Ferus-Gallery in Los Angeles" im 1962 erstellt hat[9]. Der Autor thematisiert mit diesem Werk das Phänomen der Austauschbarkeit, weil „die Individualität des Einzelnen mit der Konsumgesellschaft der 60er Jahre in den USA verwischt wird" [3].

Das Bild besteht aus 32 Leinwänden. Bei der Entstehung wurde die *Drucktechnik* benutzt[10]. Interessant ist dabei, dass die *Campbell Soup Company* (CBS)[11] in der Tatsache bis heute existiert (gegr. 1869) und die Abbildungen zeigen welche Sorten von den Suppen das Unternehmen damals verkaufte. Dosen unterscheiden sich nicht nur in den Namen einzelnen Suppen, sondern auch im roten „Teil des Etiketts", wo die „unterschiedliche Färbung des Rot-Tons" vorhanden ist [3].

Die ganze Komposition besteht also aus 32 Rechtecken – nämlich die Etiketten sind das Hauptobjekt des Behälters. Man kann sagen, dass jede Dose gleich erscheint und „ein Gefühl der Vereinheitlichung entstehen lässt". Der Grund dafür ist, dass die Dosen gleich aufgebaut sind und durch „monotonen Abstand" sich wie im Regal des Supermarkts darstellen lassen. Die Dosen teilen sich in zwei Teilen. Auf dem roten Teil sind zwei Wörter aufgeschrieben, die Firmenname und das Wort 'condensed'. Dagegen auf dem weißen Teil sieht man jeweilige Arten der Suppen, die in Rot geschrieben werden. „Das Wort 'soup' ist besonders mit einem dunkleren Streifen in der Mitte der Buchstaben verziert" und das Unterteil der Dose ist auch mit dem goldenen Ornament und mit der roten Linie dekoriert [3].

6   http://www.biography.com/people/andy-warhol-9523875?page=1 28. 4. 2012
7   http://www.gallery.ca/en/see/collections/artwork.php?mkey=7249 28. 4. 2012
8   http://en.wikipedia.org/wiki/Andy_Warhol#Death 27. 4. 2012
9   http://de.wikipedia.org/wiki/Campbell_Soup_Company 1. 4. 2012
10   http://en.wikipedia.org/wiki/Campbell%27s_Soup_Cans (#Motivation) 1. 4. 2012
11   http://www.nyse.com/about/listed/lcddata.html?ticker=CPB

Im Bild gibt es einen starken Kontrast von Rot und Weiß. Es tritt hier einfach keinen hell-roten Übergang in die rote Farbe auf. Auf der Dose spielt die rote Farbe viel wichtigere Rolle, als die weiße Farbe. Wenn die Dose nur in der weißen Farbe gemalt wurde, wäre sie uninteressant und hatte keinen Pfiff. Weiter wurde das auch vielleicht zu der Pop-Art nicht gehören. Folgend gibt es hier auch 2 Farbharmonien, die eine besteht aus dem roten und goldenen Ton (das Zeichen in der Mitte), und die zweite besteht aus dem weißen, goldenen und schwarzen Farbton. Das Bild ist auch in dem sogenannten Comic-Stil gezeichnet und es befindet sich in keiner Bewegung. Somit hat die ganze Abbildung fast realistische Bildform (wegen des Comic-Stils) und Bildraum [3].

Die rote Farbe bedeutet, dass sie eine warme, energische und lebensfreudige Auswirkung auf den Zuschauern hat. Dagegen zählen wir Weiß und Schwarz zu keinen Farben, weil sie auf uns keine Wirkung haben und neutral sind[12]. Sogar auch Gold hat einen warmen Charakter[13], und obwohl eine Dose weißen Ton enthält (die klare Hälfte des Behälters), ordnen wir sie eher in die warme Farbstimmung ein.

Heutzutage ist es unklar aus welchem Grund Warhol genau für Campbell-Suppendosen entschieden hat, jedoch kann man sagen, dass er die Entscheidung für Dosen aus mehreren Gründen traf. Der eine könnte sein, dass Warhol neues Thema brauchte, nachdem er die *Comic Strip* („komischer Streifen") verlassen hat. Ein anderer Grund entstand aus der Empfehlung von Roberta Latow. Sie sagte, dass neben der Zeichnungen von den amerikanischen Geldscheinen „Andy etwas Einfaches zeichnen" sollte[4]. Außerdem ist es bekannt, dass Warhol die Suppen mag, und dass er den Behälter zeichnete, weil es ihm nah am Herzen war. Die Wahl „zeigt seine Vertrautheit zu diesen Suppen" [3].

Und warum gehört das Werk „Campbell's Suppendosen" in die Epoche der Pop-Art? Wir müssen von der Definition ausgehen – nämlich Pop-Art ist eine Kunstrichtung (...) in der Malerei, die Mitte der 50er Jahre des 20. Jahrhunderts (...) in England und den USA entstand, deren Motive der Alltagskultur, der Welt des Konsums, (...) und der Werbung entnommen sind. Dieses Werk entspricht dieser Epoche, weil es die damalige amerikanische Konsumgesellschaft zeigt.

Die erste Serie von Dosen entstand bereits schon im 1962. Im 1969 entwickelte Andy noch eine Serie von den 10 Bildern (insgesamt gab es 250 Kopien von der zweiten Serie), die aber schon bisschen anders aussahen[14] (Abb.3 und 4). Die Hauptgedanke blieb, Rot und Weiß, jedoch es kam

---

12 http://www.kirchenweb.at/lexikon/information/kalte_farben_warme.htm 30. 4. 2012
13 http://forum.glamour.de/ > http://goo.gl/KZ5gl 28. 4. 2012
14 http://en.wikipedia.org/wiki/Campbell%27s_Soup_Cans_II 30. 3. 2012

noch dazu die Gelbe in der Mitte des Bildes und die Kontraste sind noch stärker geworden, z.B. durch den Umriss zwischen Gelb und Schwarz oder durch die Personen. Die zweite Serie räsoniert stark mit der „Unregelmäßigkeiten und Unebenheiten" aus der ersten Serie[15]. Diese Dosen zeigten schon Warhols Entwicklung im Bereich Werbung und seine, in der damaligen Zeit, große Popularität [3].

4. Thirty are better than one (1963)

Ein weiteres Bild, das ich analysieren werde, ist eine 'Erweiterung' von Leonardo da Vincis *Mona Lisa* (M.L). „Das Werk handelt von dem Umgang mit einem Bild zwischen Ikone und Massenware, vom Paradox, die Einzigartigkeit und unendliche Wiederholung (...). Solches ist kennzeichnend für eine globale Kommunikations- und Kulturgemeinschaft, gleichzeitig typisch als Ausgangspunkt für Warhols Arbeiten". Die 'Erweiterung' bedeutet in diesem Fall eine Paraphrase des Originals und so muss es auch verstanden werden [5].

Im Dezember 1962 machte USA Präsident Kennedy bekannt, dass das berühmteste Bild - Mona Lisa - offiziell in die Vereinigten Staaten ausgeliehen wird. Für Warhol war das ein Anlass für seine späteren Werke. Im 1963 entstanden erst *Double Mona Lisa*, danach *Four Mona Lisa* und dann die „bedeutendste Fassung mit dem Titel *Thirty Are Better Than One*"[16]. Warhol in seinem Abbildung setzt sich weder mit Farbe noch mit Komposition, er ordnete seine Mona Lisa in den fünf Reihen je 6 Bilder [von ihr] ein.

„Warhol hat in die Gestalt des Originals nicht eingegriffen". Es ist eine Reproduktion von ihm, die ohne Farben entstanden hat. Man hat hier aber „Hell-Dunkel-Kontrast, der kaum Zwischentöne kennt", entwickelt[17]. Die Qualität des Bildes ist aber nicht besonders gut, weil teil es zu dunkel ist, teil dagegen zu schwach gedruckt (wurde dreißigmal auf der Leinwand vervielfältigt). Die Folgen der technischen Reproduktion sind, „sowohl die qualitative Verminderung des Originals wie auch die quantitative Vermehrung des Originals aufgrund der Möglichkeit der unbegrenzten Wiederholung". Das Bild ist damit ein bisschen langweilig, uninteressant und man kann nur seine Entstehung beschreiben und aus dem Warhols Sicht das Bild interpretieren. Viel wichtiger geht es hier eher um eine neue, für Warhol, entdeckte *Fotosiebdruck-Technik*, als um die Abbildung von

---

15 http://www.metmuseum.org/toah/works-of-art/1972.724.3 30. 4. 2012
16 http://www.michaelluethy.de/scripts/andy-warhol-leonardo-mona-lisa-kennedy-kalter-krieg/ 30. 4. 2012
17 http://www.michaelluethy.de/scripts/andy-warhol-paraphrase-malewitsch-duchamp-werbung/ 30. 4. 2012

der Frau[18] [5].

Er reproduzierte sie dreißigfach und stellte sie in einen neuen Zusammenhang. „Er besteht nicht in einem von außen hinzugetragenem, fremden Element, sondern besteht nur gerade in den jeweils 29 anderen, identischen M. L. über, neben oder unter ihr". Seine Paraphrase ist die endlose Wiederholung des Bildes selbst [11].

„Die Mona-Lisa-Paraphasen (Two/Four M. L.) sind Teil seiner Galerie der *Starporträts*" (Marilyn Monroe oder Jackie Kennedy)[19]. Die 'Star-Serie' „gehört nicht nur zu den bedeutendsten und bekanntesten Warhols Arbeiten" (...), sondern sind auch jeweilige Stars auf ihren Bildern zusammengearbeitet. Nach 1963 entstanden mit Marilyn Monroe ganz viele Abbildungen; zu den bekanntesten zählen wir Abbildung 8 - *Shot Marilyn*.

Mona Lisas „Glanz ist der Glamour der Star, und es gilt auch für sie, dass sie nicht berühmt ist, weil sie großartig ist, sondern großartig, weil sie berühmt ist" [5]. „Der jeweilige Ausgangspunkt und das jeweilige Ergebnis der beiden Bildgruppen (M. Monroe und M. Lisa) entsprechen sich jedoch nicht, sondern sind kreuzweise miteinander verbunden – das ist ein Chiasmus. Ein anderes Beispiel für den Chiasmus ist dieses Bild[20]. Auch, wenn Andy Marilyn Monroe fertigt, „dann reflektiert er die Tatsache, dass bei ihr die Ebene des Menschen gar nie in den Blick kommt". Wenn er aber M. Lisa behandelt, „so reagiert er darauf, dass bei ihr die Ebene des Gemäldes gleichsam ausfallen ist".

5. Self-Portrait (1986)

Im weiterem werde ich ein Selbstbildnis von Warhol aus dem Jahr 1986 analysieren (Abb.2, 5). Hier geht es um eine von den letzten Abbildungen, die Andy kurz vor seinem Tod im 1987 gemalt hat. Diese Abbildungen haben sehr tiefe Bedeutung, sowie für uns – heute, als auch für alle Menschen – damals. „In der Kunst der letzten Jahrzehnte ist das Selbstbildnis rar geworden. Diesbezüglich stellt Warhol eine Ausnahme dar, so wie überhaupt ein traditioneller Zug seiner Kunst darin besteht, die alten Gattungen der Malerei, das Historienbild, das Portrait, das Genre, das Interieur, die Landschaft und das Stillleben, wieder zum Leben zu erwecken" [10].

A. Warhol ist bekannt für seine Porträts von „Marilyn Monroe, Elvis Presley und Jackie Kennedy" [9]. Aber bei seinen Selbstbildnissen hat er vor sich eine Frage gestellt. Wie sieht er aus und wie er von

18 http://goo.gl/GLl7I 30. 4. 2012
19 http://www.michaelluethy.de/scripts/andy-warhol-star-starportrait-marilyn-monroe/ 30. 4. 2012
20 https://secure.flickr.com/photos/nlwirth/6310230924/ 3. 11. 2011

dem Publikum angesehen werden könnte. Somit entstanden die ganze Serie von Bildern, die er schon am Anfang seiner Karriere malte (er war damals nicht bekannt und berühmt).

Die Frage, die wir heute mit den Bildern stellen, ist, ob das Bild in der Tatsache Andy Warhol entspricht und ihn repräsentiert oder es nur um einen Betrug mit dem Ziel „einen Akt auf der Suche nach Privatsphäre" geht[21]. Dabei stilisierte er sich in seinen ersten Selbstportraits, „als von den Paparazzi gejagte glamouröse Berühmtheit". „Die Bildnisse können (...) als Hinweis auf die Ambitionen des Künstlers (...) gedeutet werden, als er [A.W.] den Wunsch hegte, ein Star zu werden, der in der Yellow Press auftaucht, als Privatperson aber unsichtbar bleibt"[22].

Damit wir seine Selbstbildnisse weiter analysieren könnten, ist es hier jetzt wichtig zu sagen, dass Warhol oft mit dem Tod arbeitete, was ihm bei bestimmten Leuten nicht beliebter gemacht hatte. Die sogenannte „Todes-Serie" hat ihm bestimmt bei der katholischen Kirche nicht auf die Popularität zugegeben[23]. Zu dieser Serie gehören die Werken wie z. B. *Silver Car Crash* (1963) oder *Little Electric Chair* (1964/65). Und aufgrund dieser Werke, waren auf Andy Warhol mehrmals Attentate fortgeführt worden. Das ist jedoch heute nur sehr wenig bekannt. In 60er Jahren wurde Situation deutlich schwieriger geworden[24] und am 3.6.1986 „zielte verwirrte (Feministin) Valerie Solanas nicht auf Bilder oder die Wand, sondern direkt auf Andy W., der schwer verletzt wurde und das Attentat nur knapp überlebte" [16]. Das hat ihm bis zum Tod beeinflusst.

Im Jahre 1978 machte Warhol eine Wanderausstellung in Zürich und Humlebæk (Dänemark) und er ging noch einen Schritt weiter. „Er dekorierte die Museumswände mit einer Tapete, auf der sein

---

21 http://www.studio-international.co.uk/painting/warhol_4_05.asp 30. 4. 2012
22 http://www.cosmopolis.ch/kunst/andy_warhol_selbstportraits.htm 30. 4. 2012
23 „Warhols Diptychen gehören fast ausnahmslos zur sogenannten Todes-Serie, die das Werk der frühen und mittleren 1960er Jahre zahlen- und bedeutungsmäßig dominiert. Sie bildet ein wahres Panoptikum von Toten und Todesformen, von Unfallopfern über den elektrischen Stuhl und die Atombombe bis zum Selbstmord Marilyn Monroes oder der Erschießung John F. Kennedys. Die Serie umfasst zwei Unterserien. Die eine handelt von berühmten Toten wie Marilyn Monroe, wodurch sich hier Überschneidungen mit Warhols Serie der Starporträts ergeben. Die andere Unterserie, die sogenannten Disaster Paintings, befasst sich hingegen mit anonymen Toten. Sie ist Warhols motivisch und formal radikalste Werkgruppe. Sie zeigt gewaltsame Todesformen, deren ‚Modernität' unter anderem darin liegt, dass sie häufig mit technischen Apparaten verbunden sind. Der Tod tritt als Ergebnis falschen Funktionierens (Car Crashes) oder präzisen Funktionierens (Electric Chairs) ein. (...)." [2]
24 (...) „Andy Warhols Besessenheit mit dem Subjet 'Selbstportrait' und mit der eigenen Sterblichkeit hatte ihre Ursache nicht nur in der katholischen Indoktrination seiner Kindheit (...). Sie wurde in den 1960er Jahren durch drei gefährliche Begegnungen verstärkt: 1964 betrat Dorothy Podber in einer schwarzen Motorradjacke die *Factory* (seine Ateliers), legte ihre weißen Handschuhe ab, zückte eine Pistole und schoss auf einen Stapel von Marilyn Monroe Portraits. Die durchlöcherten Leinwände wurden später als *Shot Marilyns* bekannt. (...) Bereits drei Jahre später wurden Warhol und seine Mitarbeiter in der *Factory* erneut bedroht, diesmal von einem bewaffneten Mann, der mehrere Kugeln in die Wand jagte. Am 3. Juni 1968 kam es schließlich zur gefährlichsten, gar lebensbedrohenden Begegnung: Die verwirrte Valerie Solanas zielte nicht auf Bilder oder die Wand, sondern direkt auf Andy Warhol, der schwer verletzt wurde und das Attentat nur knapp überlebte. (...)." [9]

Kopf in tausendfacher Ausfertigung prangte. Damit unterminierte er die Tradition der Einmaligkeit und des Privaten, die üblicherweise mit Selbstbildnissen verbunden wurde"[16].

Seine Selbstbildnisse stellen faktisch Warhols Maske dar. Er selbst behauptete, dass hinter dem Bild nichts zu finden ist. „If you want to know all about Andy Warhol, just look at the surface of my paintings (...) and me, and there I am. There's nothing behind it"[25] [Wenn Sie alles über Andy Warhol wissen wollen, schauen Sie nur an der Oberfläche meiner Bilder (...) und ich, und da bin ich. Es gibt nichts dahinter]. Trotzdem drückte seine Maske sehr viel aus. Sie schafft es jemanden zu erschrecken, zu unterhalten, zu verbergen, zu täuschen und sie übertreibt auch. Warhol gibt dem Betrachter nichts anderes als nur das, was zu sehen ist und den Effekt der Abwesenheit. Die Folgen: Entweder sind die Abbildungen eine Schilderung eines Mannes oder ein Portrait, bei dem Warhol als nicht etwas Besonderes wirken wollte, als nur das, was wirklich zusehen ist [1].

Seine „Selbstportraits sind weniger Werke von kompromissloser Ehrlichkeit und Selbstanalyse, als vielmehr Masken und Trugbilder, die der Künstler dem Publikum vorhält"[16]. Viele Werke von ihm sind allerdings auch eine Mischung aus Selbstanalyse und Maske, hier ist es jedoch nicht den Fall. Diese Abbildungen, #2 und #5, sind seine Masken. Sie zeigen bereits neben Originalität und seinem Humor auch seine Fähigkeit und seinen Willen, das Publikum zu schockieren[16].

Der Zuschauer erwartet, dass Andy ihm eine tiefere Einsicht in sich selbst zeigen wird. Bestimmt aber nicht das Oberflächliche wie es hier dargestellt ist. Im Bild befindet sich keine Bewegung oder Erzählung. Es kommuniziert sehr wenig, somit entstehen bei den Beobachtern keine Emotionen und Gefühle, die Andy und seine Popularität in das Publikum einatmen würde. Grün und Schwarz wirken sehr gefährlich, als ob der Zuschauer etwas Schlechtes machte und Andy jetzt diese Person für ihre Taten bestrafen möchte. „Hier inszeniert er sich (...) mit buchstäblich zu Berge stehenden Haaren und dem Fokus ausschließlich auf seinem Gesicht". Die Farbmischung aus Schwarz und Grün, sein „aufgeregten Blick lassen das Portrait sehr eindringlich wirken"[26] [1].

„Seine Selbstsporträte reflektieren immer wieder seine künstlerische Position und soziale Stellung oder sich in Rollenspielen inszeniert. Den Topos (Geisteswissenschaft – bedeutet *Geheimplatz* oder *vorgeprägtes Bild, Beispiel oder Motiv*)[27] des traditionellen Künstlerbildes hat er allerdings nie bedient. Stattdessen sind Warhols Faszination für den Starkult der Medien und seine künstlerische Auseinandersetzung mit den Themen Vergänglichkeit und Tod auch in seinen Selbstbildnissen

25   http://www.tate.org.uk/art/artworks/warhol-self-portrait-t07146 30. 4. 2012
26   http://agencynarcissist.wordpress.com/category/analysis/ 30. 4. 2012
27   http://de.wikipedia.org/wiki/Topos_%28Geisteswissenschaft%29 17. 1. 2012

präsent"[28].

Er malte lebenslang Selbstportraits und am Ende seiner Karriere rechnete man über 80 Selbstbilder.

6. Zusammenfassung

Werke von Andy Warhol sind heute extrem bekannt und teuer. Manche Werken, wie schon oben genannte Selbstbildnisse verkauft man heute für 39 Millionen Dollar [30 Millionen Euro] und der Preis für seine Werke wird nur steigen (als eine Investition in der Zeit der Krise)[29]. Im Jahr 2010 wurde auch sein Bild von Coca-Cola Flasche für 35 Millionen Dollar verkauft[30]. Es ist aber nicht nur Andy Warhol, von dem die Bilder so hoch verkauft werden. Ein anderer Künstler der Epoche der Pop-Art, Roy Lichtenstein – von ihm wurde in 2010 ein Bild für 42,6 Millionen Dollar [33 Millionen Euro] verkauft[31]. Zwar ist auch Roy Lichtenstein sehr hoch nachgefragt, ist er fast aber gar nicht von „nicht künstlerischen Menschen" bekannt geworden. Ein Grund dafür ist auch, dass Andy von den Pop-Künstlern am klarsten erkennbar ist. Er entwickelte eine „völlig neue Art des Bildermachens". Das macht ihm den bekanntesten Autor der Pop-Art.

Trotzdem übt man an ihn eine Kritik aus. Für mich ist zum Beispiel Mona Lisa kein Werk, das der Definition des Werkes entsprechen wurde. Für mich ist es nur eine Vervielfachung von schon einmal entstandenem Werk. Auch die Welt-Kritik stellte sich die Fragen, „ob diese Uniformität [der Werken] eine Folge der persönlichen Indifferenz Warhols sei, oder ob sie die Folge der Indifferenz der Gegenstande selbst sei. Dass Warhol die M. L. , einen elektrischen Stuhl und eine Suppendose gleich behandelt, wurde also entweder der passiven, 'leeren' Psyche des Künstlers zugeschrieben, oder es wurde argumentiert, dass dies die Spiegelung der Leere einer Weil sei, in der alle Dinge zum uniformen Konsumgut verkamen"[32].

Obwohl Warhol nicht bei allen beliebt war und Kritiker bezeichnete „seine Werke als Kapitulation vor dem Kommerz", gehört er heutzutage zu den beliebtesten und wichtigsten Personen der zwanzigsten Jahrhunderts[33]. Auch Time.com – amerikanischen Nachrichtenmagazin - ordnete Andy

---

28 http://www.bad-bad.de/burda-museum/warhol_self.htm 30. 4. 2012
29 http://today.msnbc.msn.com/id/43001251/ns/today-entertainment/t/andy-warhol-work-sells-million/ 12. 5. 2011
30 http://www.ceskatelevize.cz/ct24/kultura/106849-coca-cola-za-35-milionu-dolaru-jedine-od-warhola/ 10. 11. '10
31 http://www.theimproper.com/art/333/christies-roy-lichtenstein-tops-new-york-art-auctions 30. 4. 2012
32 http://www.michaelluethy.de/scripts/andy-warhol-pop-art-fotografie-massenmedien/ 30. 4. 2012
33 http://www.americanet.de/andy_warhol.html 30. 4. 2012

Warhol zu den *All-Time Mode Ikonen* ein[34].

Meine letzte Frage, die ich beantworten möchte, ist, ob man sicher ist, dass Warhol zu den Pop-Künstlern gehört.

Zwar ist es mir nicht bekannt, ob er selbst irgendwann die Phrase 'Pop-Art' benutzt hat. Man kann aber entnehmen, dass er nichts gegen diese Formulierung hatte. Als er in einem Interview sagte, dass „I think everybody should like everybody" [Ich denke, jeder Mensch sollte anderen Menschen mögen], fragte ihn Gene Swenson ob „Is that what Pop-Art is all about?" [Ist das, was Pop-Art bezeichnet?], protestierte Warhol nicht gegen diesem Ausdruck und er fügte, dass "Yes, it's liking things" hinzu [Ja, es ist die Liebe zu den Sachen].

Dazu noch formulierte er selbst eine Definition von Pop-Art. Er sagte in November 1963 in Art News [amerikanische Zeitung], dass „It's the place where my prediction from the sixties finally came true: 'In the future everyone will be famous for fifteen minutes.' I'm bored with that line. I never use it anymore. My new line is, 'In fifteen minutes everybody will be famous.'[Es ein Ort ist, wo meine Vorhersage aus den sechziger endlich wahr geworden ist: 'In Zukunft wird jeder für 15 Minuten berühmt.' Mich langweilt diesen Satz. Ich benutze ihn nie mehr. Meine neuen Satz ist: 'In 15 Minuten wird jeder berühmt sein.']"[35]. Deswegen bin ich sicher, dass alle Warhols Werke in die Epoche der Pop-Art gehören.

---

34 http://ti.me/H92k0N 2. 4. 2012
35 http://en.wikiquote.org/wiki/Andy_Warhol 15. 3. 2012

Abb.1) Campbell's Soup Cans, 1962, Synthetic polymer paint on thirty-two canvases – each canvas – 50.8×40.6 cm, The Museum of Modern Art – NY, USA

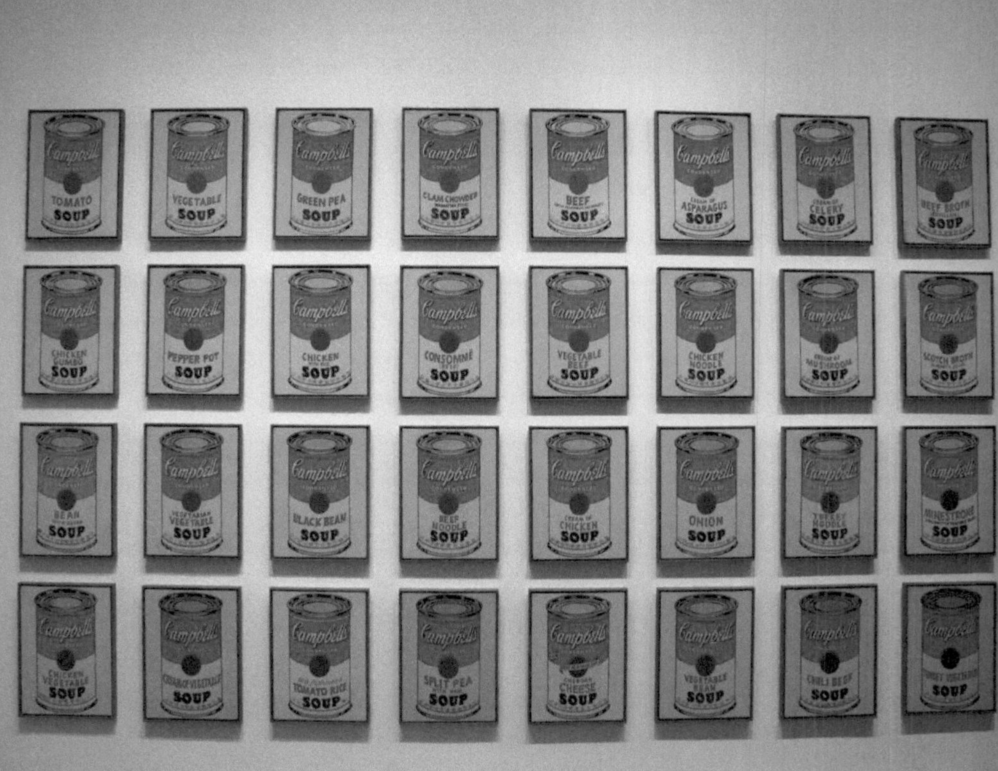

Abb.2) Self-Portrait, 1986, Synthetic polymer paint and silkscreen ink on canvas, 203.2×203.2 cm., MoMA – NY, USA

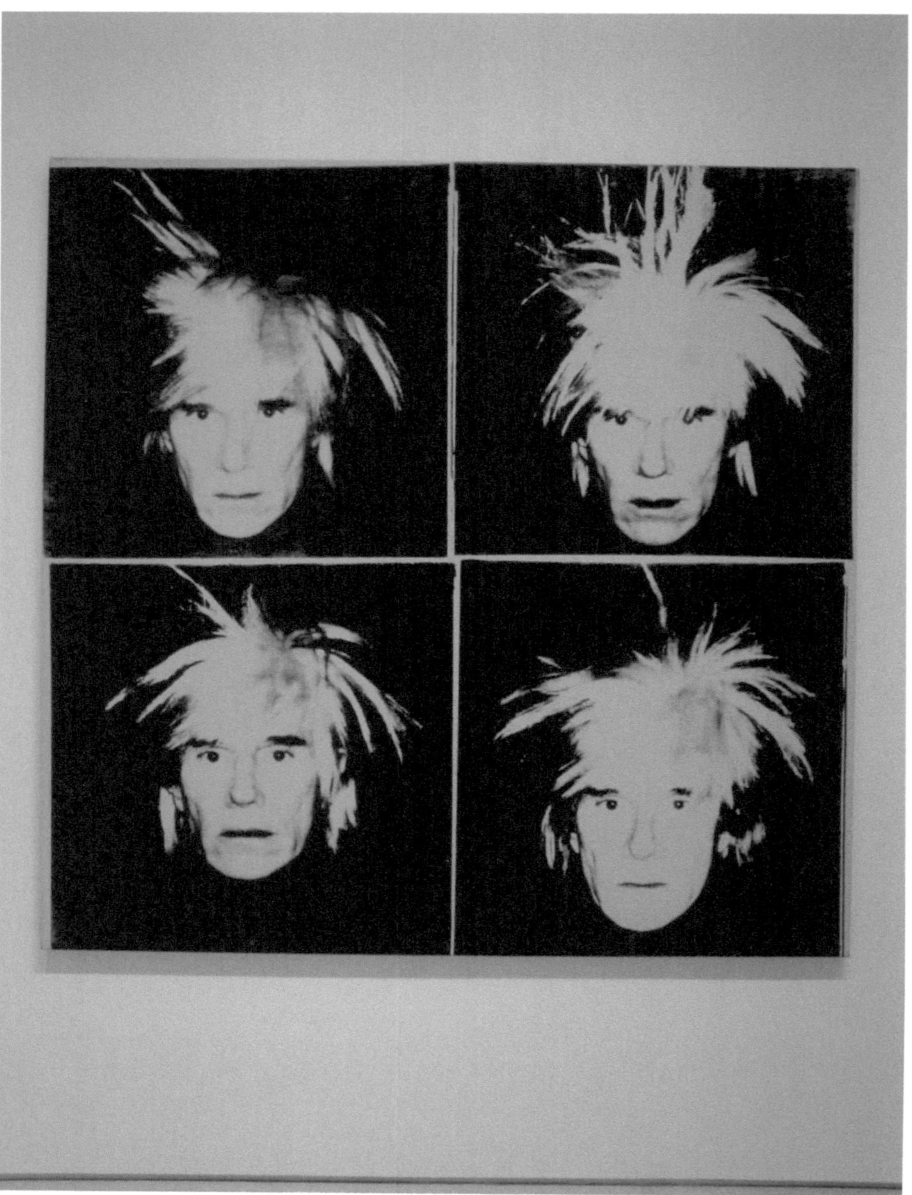

Abb.3) Campbell's Soup II – Chicken 'n Dumpling, 1969, Synthetic polymer paint on canvas, 88.9×58.4 cm, Edition #58,

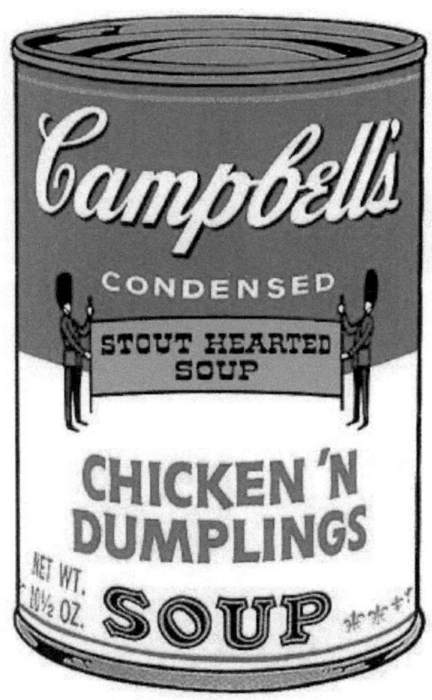

Abb.4) Campbell's Soup II – Vegetarian Vegetable, 1969, Synthetic polymer paint on canvas, 88.9×58.4 cm, Gift of Mr. and Mrs. Peter Eider-Orley in 1972

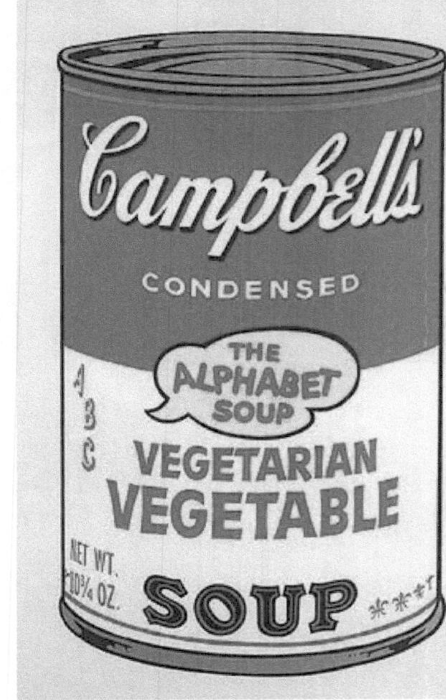

Abb.5) Self-Portrait, 1986, Silkscreened ink on synthetic polymer paint on canvas, 269.24×269.24 cm, Solomon R. Guggenheim Museum in New York, Gift to Anne and Anthony d'Offay

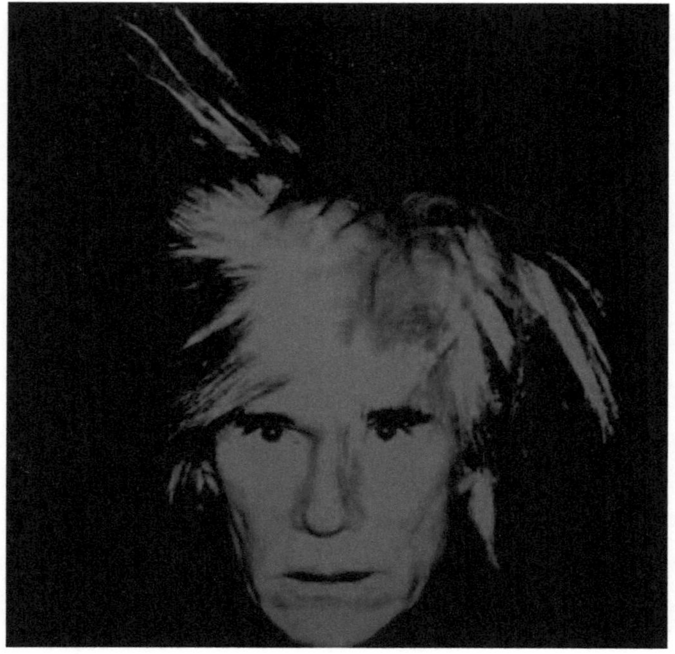

Abb.6) Campbell's Soup Cans, 1962, Synthetic polymer paint on thirty-two canvases, 50.8×40.6 cm, MoMA – NY, USA

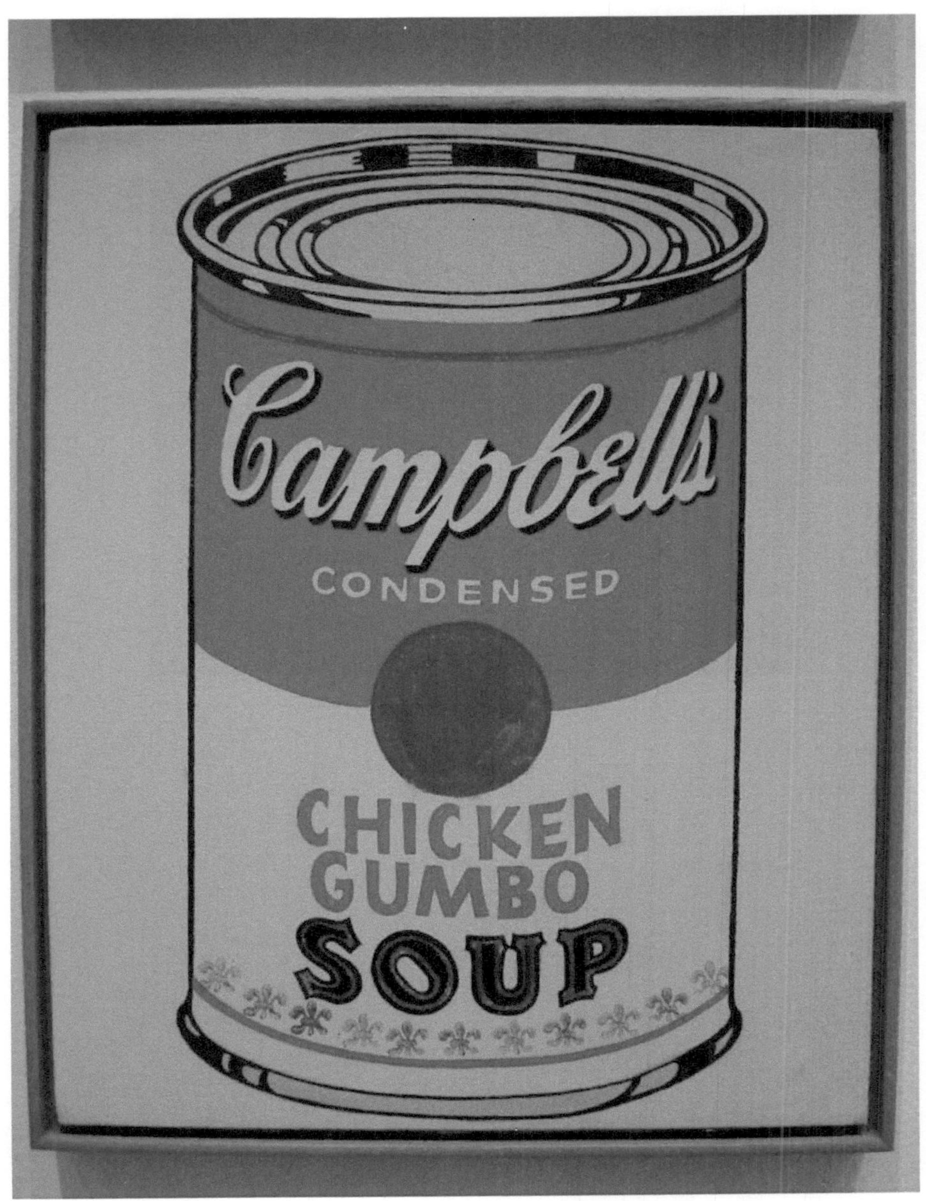

Abb.7) Thirty Are Better Than One, 1963, Silkscreen ink on synthetic polymer paint on canvas, 279.4×240 cm., Private collection

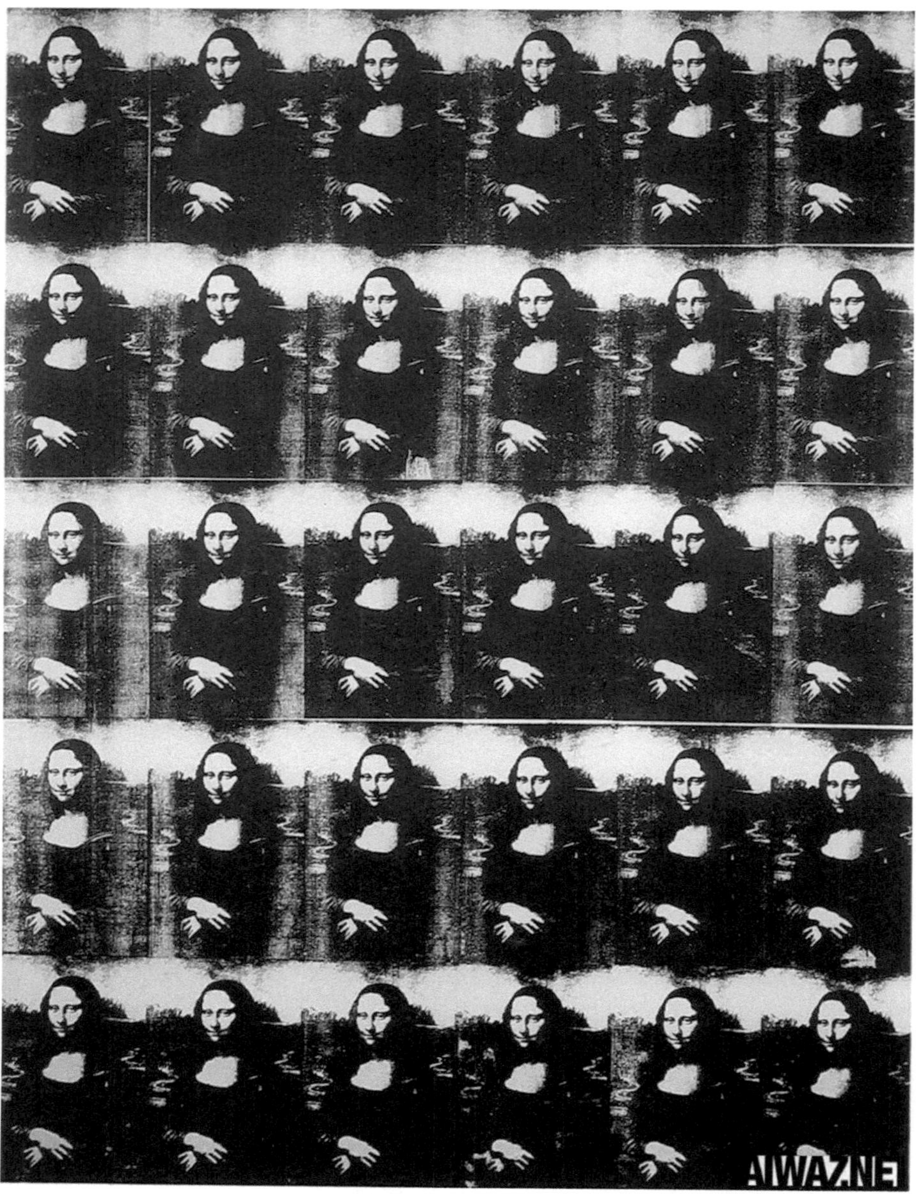

Abb.8) Shot Orange Marilyn, 1964, 101.5×101.5 cm., Fine art on canvas, Private collection

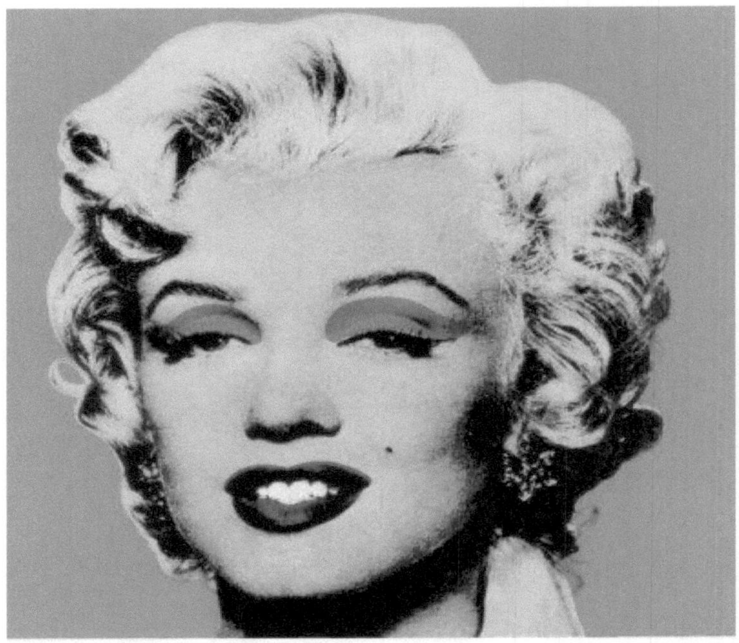

8. Quellenverzeichnis

[1] http://www.studio-international.co.uk/painting/warhol_4_05.asp

[2] www.michaelluethy.de/andy-warhol-disaster-diptychen.pdf

[3] www.almostsmart.com/upload/files/2006/Feb/Andy_Warhol-v3.doc

[4] http://www.kunstunterricht.de/referate/warhol.pdf

[5] http://www.michaelluethy.de/scripts/andy-warhol-bedeutung-werkanalyse/

[6] http://www.moma.org/collection/object.php?object_id=79809

[7] http://www.warholstars.org/art/warhol/soup.html

[8] http://www.guggenheim.org/new-york/collections/collection-online/show-full/piece/?search=Self-Portrait&page=&f=Title&object=92.4033

[9] http://www.cosmopolis.ch/kunst/andy_warhol_selbstportraits.htm

[10] http://www.michaelluethy.de/beyeler-andy-warhol.pdf

[11] www.deubner-preis.info/lander.pdf